"It's hip to be alive" David Bowie

www.ingramcontent.com/pod-product-compliance
Lightning Source LLC
Chambersburg PA
CBHW021438210526
45463CB00002B/564
9798622376160